AF330437

QU'EST PARIS EN FRANCE?

ABSOLUMENT TOUT.

QUE DOIT-IL ÊTRE?

INFINIMENT MOINS.

PAR

JACQUES BONHOMM

Électeur rural.

PRIX : 50 CENTIMES.

ROUEN,	VERSAILLES,
LE BRUMENT, Libraire,	BERNARD, Libraire,
Rue Jeanne-Darc, 11.	Rue Satory, 9.

1871.

Ma première proposition n'a besoin, je pense, d'aucune espèce de démonstration : on ne démontre pas
l'évidence.

Depuis un siècle il n'y a plus en France qu'un centre unique, qu'un unique foyer d'activité et d'initia-
tive : Paris. De Louis XIII à Napoléon III, la petite
ville de Tallemant des Réaux, cancanière et à demi
oisive comme une paisible cité endormie sur les bords
riants de la Loire ou de la Garonne, est devenue peu
à peu un caravansérail cosmopolite, une Babylone ou
plutôt une Babel où se sont concentrées et engorgées
nos ressources sociales, nos forces intellectuelles.
Tout en vient et tout y retourne. Vous auriez beau
chercher ailleurs : vous n'y trouveriez ni mouvement
ni spontanéité. Le rayonnement absorbant et fatal de
la métropole a tué au loin toute énergie propre et
toute velléité locale. On existe encore dans ces régions
lointaines et sans soleil, mais pour y végéter seulement. Je ne voudrais pas employer l'image de l'arai-
gnée placée au centre de sa toile, pas plus que celle du
cœur autour duquel et grâce auquel la masse du sang
circule dans l'animal entier : la première de ces deux

comparaisons me paraîtrait mal séante, et la seconde ne serait pas très exacte. Mais l'histoire nous offre une situation analogue d'assez près à celle de Paris en France : c'est la situation de l'antique Rome au milieu de l'Italie conquise par ses armes et colonisée par ses vétérans. Encore le vainqueur avait-il jadis laissé subsister dans l'ensemble de la péninsule des libertés municipales et, par conséquent, une autonomie que nos départements sont fort loin de posséder. Il y avait de la part de Rome suzeraineté féodale, en quelque sorte, sur une poussière de petites monades politiques : de la part de Paris, il y a absorption complète, accaparement absolu, sequestre perpétuel de l'instinct national. Et notez que Paris ne perd pas moins que la France elle-même à ce défaut d'équilibre. La surabondance de la vie est tout aussi dangereuse que la raréfaction de la vie, et l'on meurt aussi sûrement d'une hypertrophie du cerveau que d'une paralysie générale des extrémités. En résumé, deux millions de Parisiens improvisant une comédie qui n'est trop souvent qu'une bouffonnerie détestable, quand elle n'est pas un drame sanglant, et trente-six millions de Français faisant galerie, tel est le spectacle que nous donnons au monde.

Pour remédier à cet état de choses anormal, cause en grande partie de nos malheurs actuels, il est urgent de prendre deux grandes mesures, mesures véritablement de salut public. Il faut diminuer l'importance de la capitale et, par conséquent, la changer : il faut augmenter l'importance des départements et, par conséquent, les grouper. Transporter hors de

Paris le centre de gravité de la France, et reconstituer des provinces, voilà, en deux mots, le programme de tout essai sérieux de décentralisation. Or, sans décentralisation sérieuse, avant la fin du siècle, qu'on ne s'y trompe pas, nous aurons subi très-probablement le sort de l'Irlande ou de la Pologne, l'asservissement ou le partage.

Telle est la manière dont j'entends et dont je vais essayer d'expliquer ma seconde sentence.

Caveant consules.

II

On objectera que *décapitaliser* Paris, — qu'on me pardonne ce néologisme barbare, quoique parisien, — c'est le blesser mortellement dans sa vanité plus encore que dans ses intérêts, et que la France n'a pas ce droit de *décapitalisation*.

Nous nous imposerons un effort constant de modération, aussi bien dans nos jugements que dans notre langage. Néanmoins nous ne pouvons nous empêcher de protester avec la dernière énergie contre un scrupule qui reconnaîtrait, en principe, que la France appartient à Paris et non point Paris à la France. Après les catastrophes sans exemple dans notre histoire que Paris, depuis un siècle, nous a attirées, la France a le droit, le devoir surtout, de reprendre pleine et entière possession d'elle-même et de ne plus s'en remettre à sa capitale du soin de diriger dorénavant ses destinées. Nous côtoyons un abîme depuis cent ans ; depuis un an, nous avons un pied déjà dans le vide : il est temps, je pense, de congédier notre guide pour cause d'aveuglement ou d'ignorance. Le gouvernement des différents Jules dont la présomptueuse incapacité a succédé au despotisme d'un faux César, et qui avaient exclu du pouvoir central tout député « de la province » ou « de la campagne, » nous a fait l'honneur de préposer à cette lutte à outrance, dont il nous imposait le devoir, sans nous avoir consultés, deux doublures patriarcales de la députation parisienne auxquels pas une de nos circonscriptions électorales n'avait voulu et n'a voulu depuis confier un mandat. Un peu plus tard ce même gouvernement d'avocats parisiens nous a expédié par ballon monté un ventriloque éloquent peut-être, mais atteint, en tout cas, d'un commencement de monomanie belliqueuse et furieuse. Tant qu'a duré la crise, nous avons eu assez de patience et de résignation pour ne pas conduire les deux pères nobles de 1848 dans ceux de nos asiles départementaux où sont recueillis, avec empressement, les vieillards tombés en enfance et dignes d'intérêt. Nous avons même consenti à subir tous les caprices du jeune premier chargé de jouer au pied levé les de Moltke et les de Roon, stratége d'occasion auquel la guerre ne devait coûter ni un centime ni une égratignure, malgré son pacte officiel avec la mort, et auquel, depuis le mois de novembre au moins, la loi de 1838 sur les aliénés dangereux était visiblement applicable. Nous ne voulons pas récriminer inutilement sur une si cruelle offense infligée, par les députés de Paris, à la France tout entière. Mais ayant subi docilement une fois un aussi indigne traitement, c'est bien le moins que nous prenions d'avance nos précautions pour l'avenir. Peu nous importe à nous autres Français le mécontentement de Paris ; à l'heure présente, nous n'avons plus de compte à en tenir. L'instinct de la conservation personnelle et du salut à tout prix devient l'unique mobile des résolutions que nous devons prendre. Un grand peuple ne peut pas se laisser périr, par crainte de contrarier sa capitale.

Pour mieux fixer les idées, il y a, outre la raison générale et d'ordre physiologique que j'ai indiquée tout d'abord, je veux dire la nécessité de répartir chez nous la vie et le mouvement d'une manière plus égale du centre à la circonférence, il y a, dis-je, deux considérations fort graves qui doivent engager, ou plutôt qui obligent impérieusement la France à retirer à Paris, provisoirement au moins, son antique privilége de servir de séjour aux plus hautes autorités françaises.

La première de ces considérations, c'est que Paris, gardien de la souveraineté nationale et de ses représentants, n'a jamais cessé d'être envers la France le plus infidèle et surtout le plus brouillon des dépositaires. A aucune époque, il n'a respecté le pouvoir central qui lui était confié. Toutes nos révolutions ont eu Paris pour auteur et pour berceau. Nous les avons toujours subies, nous ne les avons jamais faites. La trop célèbre Commune du siècle dernier a tenu en échec la Convention elle-même, tant qu'elle a siégé. L'Hôtel-de-Ville était alors comme la tanière de cette insurrection en permanence qui, dans la France attérée et bouleversée, servait de pourvoyeuse à l'échafaud. Jamais la démagogie ne fit plus de mal à un peuple que cette Commune sanguinaire, vivante incarnation des fureurs parisiennes. Sans elle, 1789 n'eût jamais conduit à 1793, et notre révolution, suivant son cours légal et naturel, n'eût été qu'une simple évolution, plus lente peut-être, mais cent fois plus sûre. Peu à peu nous fussions arrivés à la pleine liberté, ne fût-ce qu'à pas de tortue ; la populace parisienne nous a fait prendre l'allure du lièvre : nous courons encore. Que dire des immortelles journées de 1830, de 1848, de cette glorieuse émeute du 4 septembre et de cette émeute plus glorieuse encore du 18 mars ? Sans la complicité impardonnable de la badauderie parisienne et les entrepreneurs d'insurrections en tout genre comme en tout pays, que MM. Jules Favre et Léon Gambetta ont déchaînés et organisés l'année dernière sous prétexte « d'armer le peuple, » la France, surprise par la Prusse dans son excès de confiance et d'amour pour la paix, pourrait espérer une prochaine, prompte et éclatante revanche, juste châtiment administré au cynisme patriotique de l'Allemagne et inappréciable bienfait pour l'indépendance de l'Europe. Par bonheur et comme par miracle, l'Assemblée nationale, que la force des choses avait contrainte à s'installer à Bordeaux, n'a pas voulu revenir une fois de plus s'offrir naïvement en proie à l'insurrection démocratique et sociale. Bien lui en a pris. Si elle eût montré la même imprévoyance que les Assemblées précédentes, le 18 mars ou le 19 au plus tard, le citoyen Delescluze était dictateur, acclamé par le prolétariat de nos grandes villes et toléré par le reste, faute des moyens de s'entendre et de s'organiser pour une défense commune.

Après tant de violations criminelles de la souveraineté nationale, on ne peut raisonnablement songer à confier encore un dépôt aussi précieux à une population qui en a si complétement perdu le respect.

L'autre motif qui nous prescrit de reprendre le plus doucement possible à Paris sa couronne de capitale, ce n'est rien moins que l'état intellectuel de Paris. Un aliéniste éminent, M. le docteur Morel, a récemment publié dans le *Nouvelliste de Rouen,* sous le titre de : *Révolution et Folie,* deux articles fort remarqués où il prouve sans peine quelle large part la science médicale a à réclamer pour ses soins dans cette immense et inconsciente frivolité d'esprit. On irait sans doute trop loin en insinuant que Paris n'est plus que la succursale de Charenton, mais enfin il se trouve visiblement sur la route qui y mène. Cette population qui se donne le spectacle de la guerre civile à l'aide de longues-vues et assiste comme à une fête à des scènes de sauvages mal appris, a perdu évidemment une partie de sa responsabilité morale et ne mérite que trop l'épithète d'affolée. L'usage inconsidéré de l'absinthe, l'influence continue de la nicotine, d'autres causes physiologiques encore d'une nature plus délicate et parfois plus attrayante, ont agi depuis longtemps d'une manière fâcheuse sur le cerveau de MM. nos seigneurs et maîtres. Mais la maladie la plus grave, sans contredit, de toutes celles qui peuvent affliger le moral de notre ville maîtresse, c'est celle que je nommerais volontiers *Bohemiasis Napoleonica.* J'entends désigner par là cette corruption intellectuelle et ce trouble complet des notions les plus vulgaires du faux et du vrai, dont une presse scandaleuse a lentement répandu le germe dans la population métropolitaine, épidémie lamentable qui, du trottoir et du macadam, a fini par monter jusqu'aux salons et pénétrer dans les familles. Lorsque, dans une grande ville, des écrivains tels que M. Villemot et M. Sarcey passent pour des hommes de bon sens, et, ce qui est plus triste, le sont relativement, il faut proclamer que cette ville a complétement rompu avec le bon sens. Aligner des phrases constellées d'images et d'allitérations les plus drôlatiques du monde, mais où les idées se succèdent pêle-mêle sans un soupçon de logique ; développer et soutenir avec le plus imperturbable aplomb la première fantaisie politique ou économique éclose dans un esprit peu ou point instruit ; briser violemment aujourd'hui l'idole adorée de la veille, et écrire son article d'après-dîner sans se soucier ou se ressouvenir de son article d'après déjeûner, c'est entendre d'une manière bien étrange ce beau rôle d'instituteur quotidien de la démocratie honnête et laborieuse, qui doit être l'idéal de tout journaliste. En fait, il y a longtemps que le raisonnement a banni la raison de Paris, et qu'à bien peu d'exceptions près, tout particulièrement honorables, un Parisien déraisonne absolument dès qu'il se mêle de vouloir raisonner. Vainement il prononcera aussi brèves que possible les voyelles les plus longues, vainement il élèvera la voix en chantant à la fin de chaque phrase, vainement il étalera un inépuisable assortiment de métaphores tout-à-fait éblouissantes ou de néologismes inédits et prodiguera à tout propos

le terme « d'objectif » ou le verbe « s'affirmer, » il est
incapable de donner le change à un homme sérieux
sur l'espèce de somnambulisme, fait d'ignorance pour
moitié et ponr moitié de vanité, où s'agite la fantoche
qu'il appelle son esprit. Ce n'est pas l'Allemagne seulement, c'est l'Europe entière qui le juge ainsi ; et
l'une et l'autre le jugent à son exacte valeur. Délire
agréable, attrayant, tant qu'on voudra, quoique le
plus souvent de bien mauvais goût, mais enfin délire.
Il est impossible qu'une représentation nationale, qui
doit avoir l'ambition de nous tirer du gouffre, aille de
nouveau siéger au milieu de ce tourbillon décevant, de
cette danse de saint Guy d'esprits et d'imaginations
piqués de la tarentule. A la longue, les intelligences
les plus solides elles-mêmes se laisseraient emporter
comme des feuilles mortes au souffle de cette verve
endiablée et par trop joyeuse de sophistes uniquement
en quête d'un succès éphémère. Qu'on juge de
l'influence de ce milieu délétère sur des législateurs
les plus honnêtes du monde, sans doute, mais qui doivent se défier des délices d'une Capoue nouvelle pour
eux et des charmes inexplorés de la Cythère moderne.
A Dieu ne plaise que je ne compare à M. de Pourceau-
gnac qui que ce soit à Versailles ; mais enfin les po-
lissons d'apothicaires qui poursuivent M. de Pour-
ceaugnac, munis de leur arme professionnelle, sont
sur le point de le rendre fou à son tour et presque
aussi grotesque qu'eux. A tout prix il faut éviter la
contagion du ricanement. Montesquieu et Mirabeau
eux-mêmes eussent eu des distractions devant la cage
des singes au Jardin-des-Plantes.

Mais, tout en constatant que l'atmosphère morale
de notre « grand'ville » est tout-à-fait insalubre pour
une Chambre omnipotente, la France ne demande qu'à
se faire la garde-malade de cette « grand'ville, » et ne
songe nullement à l'humilier en lui retirant des armes
devenues trop dangereuses entre ses mains. Certes, en
tánt que peuple, nous n'avons aucune excuse à offrir,
encore moins à faire accepter par une ville devenue
plus européenne en définitive que française, et qu'on
a justement définie la Venise du xixe siècle, ou encore
la plus grande des auberges de l'Europe. La cité de
M. Haussmann n'a presque plus rien de commun avec
la ville des Cochin, avec celle où débutait Corneille et
où venait mourir Voltaire. Le gouvernement impérial a démarqué presque tous les monuments historiques qu'il n'a pas renversés, et c'est pourquoi notre
capitale n'est plus qu'une hôtellerie, une sorte de
piége à étrangers, de souricière dorée tendue à toutes
sortes de péchés plus ou moins mignons. Mais les
exemples de translation de capitales ne seraient pas
difficiles à citer. Il y près de deux siècles que Saint-
Pétersbourg a dépossédé Moscou, malgré son Krem-
lin, la citadelle sainte de toutes les Russies. De nos
jours Turin a abdiqué, Florence va abdiquer bientôt
au profit de l'unité italienne ; et cependant Naples, qui
eut un roi et qui compte un demi-million d'habitants,
Milan, qui avait un vice-roi et qui s'intitule encore la
capitale morale de l'Italie, n'ont point songé à impo-
ser leur candidature aux Chambres italiennes. Par
rapport à Kœnigsberg, Berlin n'est qu'une ville toute
nouvelle : de même Madrid par rapport à Ségovie,

par exemple. Munich et Carlsruhe sont encore dans ce cas. La retraite, temporaire ou définitive, du gouvernement français hors des murs de Paris et de l'atteinte des Bellevillois ne serait donc, on le voit, qu'un fait assez ordinaire dans l'histoire moderne. C'est bien le moins qu'on fasse pour le salut d'une nation ce que le caprice d'un prince a si souvent accompli pour ne satisfaire que lui-même. L'indignation et l'irritation de la bourgeoisie parisienne ne seraient donc ici nullement justifiées, puisque des cités aussi antiques que la sienne ont accepté un pareil sacrifice et souffert la même infortune sans l'avoir méritée. Il y a même des villes de plusieurs millions d'âmes qui n'ont jamais joui d'un titre semblable : ai-je besoin de citer New-York, simple municipe américain, et pourtant l'une des plus immenses fourmilières humaines qui aient jamais existé ?

Il y a d'ailleurs une consolation toute trouvée pour Paris, et qu'on pourrait sans le moindre inconvénient lui accorder, une fois le pouvoir central établi ailleurs : c'est la commune. Evidemment je n'entends pas par ce mot désigner aux suffrages de MM. les électeurs des vingt arrondissements les chefs du dernier « mouvement communal », si déplorablement organisé grâce à l'incroyable fanatisme de quelques-uns et à l'inexcusable indifférence du plus grand nombre. Mais la France, affranchie du joug de sa capitale actuelle, n'aurait rien à objecter au désir que Paris paraît avoir de tenter une grande expérience de la vie municipale. Pourvu qu'il ne reste plus dans son enceinte que le moins d'armes à feu pos-

sible, et que la poste comme les chemins de fer se
refusent à transporter jusque chez nous les produits
quotidiens de sa presse, toute liberté doit être laissée
aux habitants de la rue Vivienne et de la rue Mouffe-
tard, réconciliés dans une étreinte fraternelle, pour
se lancer de concert à la poursuite de l'idéal social
de leurs rêves. La tentative ne saurait manquer de
devenir très-divertissante, le jour où elle aura cessé
d'être périlleuse. Voir des vaudevillistes transformés
en législateurs pour de bon sera un spectacle tout-à-
fait propre à ramener de beaux jours pour la vieille
gaieté gauloise. Nous serons là, le seau d'eau froide
à la main, pour doucher le cher malade s'il menaçait
de se faire trop de mal à lui-même. Pour peu d'ailleurs
que Paris, abandonné ainsi à ses propres inspirations,
avec le titre de chef-lieu de l'Ile-de-France, se trans-
forme en un véritable paradis terrestre, et réalise
enfin la vieille utopie des Iles Fortunées, le reste de la
France sera bientôt revenu à ses pieds, le suppliant
de la reprendre sous sa haute tutelle et de lui révéler
le secret d'une félicité si inopinée. Le seul privilége
que nous revendiquions serait celui d'intervenir au
nom de notre passé commun et de notre gloire éteinte,
si jamais la ville libre de Paris menaçait de tourner
définitivement à la civilisation d'une tribu de Bojes-
mans. Les deux points essentiels pour nous, c'est de
ne plus alimenter de notre bourse son budget spécial
et d'établir entre elle et nous une sorte de douane
intellectuelle, d'écluse plutôt, en matière d'idées.
Nous n'entendons pas que douze boutiquiers du bou-
levard délivrent en cour d'assises un laisser-passer

pour la France entière à la drôlerie d'un pitre politique qui vient de faire pâmer d'aise l'atticisme de leur ignorance. A ce compte-là, la bohème, lâchée sur nous par le gouvernement impérial, continuerait à envahir le pays et à y propager cette sorte de corruption putride originaire du bitume des trottoirs et de la fange des ruisseaux parisiens. Ce qu'il nous faut et ce que nous voulons, ce sont des maîtres d'école et non des saltimbanques qui ont coupé leur queue-rouge.

Mais, si Paris cesse d'être capitale, quelle ville de France le remplacera ?

On ne peut songer à une grande ville. Ce serait peut-être d'abord provoquer des jalousies fâcheuses, mais surtout retomber sous la menace perpétuelle des professeurs de barricades et de ce bas journalisme, empressés à faire escorte au pouvoir dans toute cité où le vice et la misère tiennent une armée prête pour un coup de main révolutionnaire. De toute nécessité, on choisira donc une ville de médiocre importance, telle, par exemple, que Washington, simple village diplomatique et le centre pourtant de l'immense Amérique. A mon sens, Versailles et Fontainebleau doivent être rejetés l'un comme l'autre : la première, par une raison politique; le second, par une considération stratégique. Versailles est infiniment trop rapprochée de Paris. Jamais une assemblée n'y sera réellement à l'abri d'une insurrection vivement menée : je n'en veux d'autre preuve que les premières scènes de notre première révolution. D'ailleurs, la plupart des membres d'une Assemblée versaillaise y arrivant de Paris tous les matins et retournant à Paris tous les soirs, n'échapperaient pas à l'influence délétère de ce milieu malsain et de cette corruption contagieuse. Comme transition, Versailles pouvait être un choix acceptable : mais, les ministères devant rester hors de Paris avec tout leur personnel, ce choix n'a plus de raison d'être. Encore un peu trop rapproché de Paris, Fontainebleau a de plus le grave inconvénient d'être beaucoup trop près de la nouvelle frontière allemande. Certes nous songeons moins que personne à rappeler MM. Gambetta et Crémieux au ministère de la guerre pour reprendre la lutte à outrance ; mais enfin une coalition européenne peut se former, et nous pouvons avoir le plus grand intérêt à y prendre part. Si écloppés que nous soyons par notre propre faute, ou plutôt par celle des hommes du 4 septembre, d'ici à bien peu de temps nous nous trouverons au moins en état de retenir par ses buffleteries la Prusse aux prises avec la Russie, et d'aider l'ours moscovite à nous débarrasser de la pie voleuse. Inutile donc d'aller placer le siége de notre gouvernement à trois journées de marche des avant-postes allemands.

Géologiquement, je pourrais presque dire aussi historiquement, le centre, le cœur même de la France, c'est le plateau granitique de l'Auvergne, fait de roches primitives, non de terrains stratifiés. Mais le pays est trop pauvre, trop voisin encore de nos frontières. Et puis, en France, le ridicule tue ; et, bien que nous ayons été gouvernés depuis quelque vingt ans par des enfants de l'Auvergne, les premiers porteurs de portefeuilles assurément qui en soient venus ;

malgré toute notre vénération et notre reconnaissance pour MM. de Morny et Rouher, nous ne pouvons songer sérieusement à aller planter notre étendard national sur ce vieux territoire où Vercingétorix,
cependant, avait si vaillamment défendu l'indépendance de la Gaule. Mais, en descendant de ce plateau,
il ne tient qu'à nous de suivre le cours de la Loire,
qui coupe la France en deux parties à peu près égales,
et, de cette façon, nous arriverons en Touraine, à
Blois, par exemple, point central par excellence, et à
une distance aussi convenable de Paris que de la
Prusse. On pourrait également s'arrêter à Bourges
ou aller jusqu'à Tours. Mais, à Bourges, le parc d'artillerie limiterait un peu l'horizon, et, à Tours, on se
heurterait à des souvenirs de l'automne dernier qu'il
est plus sage d'éviter. D'ailleurs le château historique
de Blois pourrait donner facilement asile à notre
Assemblée et devenir la maison toute prête de la
souveraineté nationale. Construire une demi-douzaine
de casernes ministérielles ne serait qu'un jeu pour nos
architectes. Là, au moins, nos législateurs et nos
administrateurs se retrouveraient face à face avec de
glorieuses traditions et revivraient dans la plus grande
période peut-être de notre passé. Bien plus, en effet,
que le dix-septième, le seizième siècle émeut et élève
par la portée des luttes politiques ou religieuses, qui
l'agitent et l'ensanglantent. Ce n'est pas sans doute
encore l'âge de la politesse exquise et de la culture
délicate de l'esprit humain : mais c'est, en somme, le
moment de notre pleine vigueur et comme de notre
virilité nationale. Pour la ressaisir et redevenir des

hommes, au lieu de rester les gamins séniles qu'on nous accuse déjà d'être, nous ne saurions mieux faire que de nous retourner vers ce siècle et de nous retremper dans ses grands exemples. La France dégénérée ne peut trouver chez elle une meilleure fontaine de Jouvence.

Utopie que tout cela, me dira-t-on peut-être. Jamais une ville morte de la Touraine ne dépossédera Paris. — Il y a un an, cher monsieur, n'eussiez-vous pas traité également d'utopiste celui de vos amis qui vous eût prédit qu'une Assemblée française et souveraine siégerait aujourd'hui à Versailles ?

III

La seconde réforme à opérer pour rompre le réseau fatal de la centralisation qui nous étouffe, c'est l'organisation d'une vie provinciale et, par conséquent, de provinces. La commission de décentralisation, instituée par le ministère Ollivier-Daru, avait mis cette question un instant à l'ordre du jour, si je ne me trompe. Mais il ne semble pas que l'idée soit sortie victorieuse de l'épreuve de la discussion. Peut-être n'était-elle pas encore mûre : il importe donc de la faire mûrir. Aucune innovation ne serait plus opportune, aucune ne promettrait de devenir plus féconde.

L'expérience et l'étude comparée des sociétés contemporaines ont amené, depuis longtemps, les meilleurs esprits à cette conviction qu'un Etat moyen se trouve dans de meilleures conditions de développement normal et de prospérité certaine qu'un Etat immense. Il n'existe pas, sur notre continent, de pays plus riches et plus heureux que le royaume de Belgique et le royaume de Saxe. La première de ces deux monarchies, pour laquelle la nature a laissé tout à faire au travail des hommes, est précisément la région de l'Europe où la population est le plus dense et les chemins de fer le plus nombreux. Les vingt-deux cantons helvétiques de même que l'Amérique septentrionale nous offrent, en outre, un double exemple de ce que peut le principe de la fédération appliqué à des Etats très-petits de même qu'à des Etats très grands. Depuis 1815 jusqu'en 1866, on n'a pas cessé de discuter en Allemagne ce qui vaudrait le mieux pour les peuples germaniques d'une Confédération de monarchies aussi indépendantes que possible, ou bien d'une monarchie unique et despotique avec des préfets portant couronne royale : on sait lequel des deux systèmes vient de l'emporter, et cette vengeance indirecte vaut bien pour nous un à-compte. Il est évident que pour la France, de même que pour tous les Etats qui éprouvent le besoin de relâcher plus ou moins la ceinture de fer d'une centralisation exagérée, il ne peut s'agir de créer des noyaux distincts d'autonomie politique et de rompre l'unité presque immémoriale de l'Etat pour former un faisceau de petits Etats. Les socialistes seuls ont semblé mettre en avant cette idée sous le nom de fédéralisme ; mais ils ne songeaient en réalité, si tant est qu'un seul d'entre eux ait songé à quoi que ce soit de sérieux et surtout deux d'entre eux à quelque chose de concordant, ils ne songeaient, dis-je, qu'au morcellement, à l'émiettement de la nation en communes. Les républicains espagnols arborent aussi, depuis qu'il y a des républicains en Espagne, le drapeau du fédéralisme, et, ce qui est plus fâcheux, l'arborent le fusil à la main ; mais, si je ne m'abuse, ils n'entendent par là qu'un retour au moyen-âge, à l'époque, du moins, qui a précédé le règne d'Isabelle-la-Catholique, c'est-à-dire qu'ils partageraient volontiers, de rechef leur péninsule en plusieurs royaumes provinciaux. Un Italien illustre, Carlo Cattaneo, aurait également, et il n'était pas le seul en Italie, désiré que l'unité actuelle de sa patrie fût calquée beaucoup plus sur sa propre situation au xvie siècle que sur notre centralisation française. Il y avait certainement dans cette vue, appliquée à une monarchie qu'il s'agissait de faire et non de défaire, une grande profondeur, et une grande part de justesse ; et, ce qui semble le prouver, c'est qu'elle est reprise encore en ce moment par deux anciens ministres, M. Jacini et M. Ponza di San-Martino. Mais, je le répète, aucun Français ne consentirait un instant à dépasser les temps antérieurs à Richelieu, ce qui effectivement serait tomber d'une chute lourde dans l'excès contraire. Il me semble, en revanche, que nous pourrions, sans aucun inconvénient notable et avec infiniment d'avantages, adopter de nouveau le principe de division territoriale en vigueur il n'y a pas un siècle ; et, puisque notre unité a franchi, grâce aux idées fausses et également despotiques de nos anciennes Assemblées et de Napoléon, la limite extrême de l'utile, que nous devrions la ramener à ce point exact où, les intérêts communs étant sauvegardés, chaque région peut, sans compromettre l'existence et la force nationale, veiller elle-même sur elle-même, conformément à cette règle ou à ce fait d'empirisme politique énoncé plus haut ; à savoir que la machine administrative la meilleure, est celle qui n'embrasse pas dans son action plus de trois à quatre millions de personnes.

La mesure, en définitive, serait d'une application très simple, le département n'ayant fait que se substituer brusquement à la province, sans en effacer le souvenir de nos mœurs ni surtout de notre langue. Le département n'est qu'une conception, non seulement abstraite, mais encore tout-à-fait arbitraire, une expression bureaucratique jouissant du privilége immémorial de casser la tête à tous les candidats au baccalauréat, mais capable tout au plus de faire battre le cœur de quelque honnête et brave gendarme en retraite. Le Tarn-et-Garonne ou les Pyrénées-Orientales ne sont pas encore devenus et sans doute ne deviendront jamais de véritables sous-unités nationales, des membres vivants et glorieux de la famille française, une petite patrie dans la grande. Quand un Breton rencontre un Breton à l'étranger, ou qu'un Provençal reconnaît un Provençal à ses premières paroles, il se produit entre eux un élan de sympathie plus étroite de beaucoup que si le Breton avait rencontré le Provençal et réciproquement. C'est que si le département n'a pas d'histoire, la Bretagne et la Provence, elles, en ont une, et que chacun de leurs enfants en a toujours appris quelque chose : lambeaux déchirés du passé tant qu'on voudra, mais où les souvenirs de notre propre enfance se mêlent avec un charme irrésistible et vivace aux faits les plus lointains dont les lieux qui nous ont vu naître ont été les témoins. Une province, en résumé, est une personne morale, en quelque sorte, une individualité historique, parée de tout le prestige d'une longue existence et le plus souvent aussi de cet attrait plus brillant encore que l'humanité s'obstine à appeler la gloire militaire. Quand on me parle d'un département, je n'aperçois dans mon imagination qu'un préfet en grand uniforme flanqué de son secrétaire général, sur le premier plan, et, par derrière, une foule docile et respectueusement ambiante de directeurs de contributions directes ou indirectes, d'agents-voyers d'arrondissement ou de canton, de commissaires de police à écharpe tricolore ou d'huissiers à chaîne d'argent, et c'est dans ce personnage enguirlandé de dorures que s'incarne toute l'idée de département. Mais le seul et doux mot de Normandie, pareil à une baguette magique, évoquera à l'instant devant moi tout un monde de pirates roux, jetés par la fureur des vagues au pied de nos hautes falaises de craie ; puis une longue succession de ducs indépendants et valeureux, tenant en échec les comtes du voisinage jusqu'aux abords de l'Ile de France ; plus tard enfin, Henri IV et la Ligue luttant ensemble à travers les vallées boisées et les larges plateaux de ce fertile et verdoyant jardin. Au reste la division du territoire français par provinces est si bien dans la nature des choses, qu'on la retrouve encore aujourd'hui à peu près partout, dès que l'on sort du domaine administratif dépendant directement du ministère de l'intérieur. Nos circonscriptions académiques, nos cours d'appel, nos diocèses archiépiscopaux, nos commandements militaires, etc.... sont autant de vestiges d'un passé imprescriptible, autant de preuves qu'il est aisé d'en revenir dès qu'on le tentera à nos vieilles traditions, nées peu à peu de l'histoire et consacrées par l'expérience.

Je ne prétends pas assurément qu'il faille d'une manière absolue rétablir purement et simplement les quarante gouvernements, grands ou petits, que nous avions encore il y a cent ans, et où nos pères ont vécu sans nul doute plus heureux chez eux et plus respectés au-dehors que nous ne le sommes à présent. Grâce à Dieu, l'unité française est assez enracinée dans nos âmes, et surtout la Convention a trop achevé de briser l'esprit provincial, même dans ce qu'il avait de plus légitime, pour que nous ayons le moins du monde à craindre un mécontentement sérieux et des rivalités dangereuses de la part des anciens gouvernements qui pourraient se trouver fondus avec leurs voisins ou seulement un peu rognés à leur profit. Il est clair, par exemple, que la Guienne et Gascogne, qui comprend aujourd'hui neuf départements, pourrait former plus d'une province. Le Languedoc, encore, devrait céder toute sa pointe nord au Lyonnais ; peut-être même conviendrait-il de rattacher à Lyon l'Auvergne presque entière, car, pour que l'organisation provinciale fût efficace, il importerait, à mon avis, de ne pas trop dépasser le chiffre de vingt provinces. La Prusse n'en avait que huit avant 1866 ; depuis 1866, elle n'en a que trois de plus, le Slesvig-Holstein, le Hanovre et la Hesse, qui comprend, outre l'ancien Electorat de ce nom, tout le duché de Nassau. C'est à peu près sur ce patron que devraient être taillées nos nouvelles divisions territoriales, en tenant compte, autant que possible, des données historiques et géographiques ainsi que des intérêts commerciaux et des nécessités stratégiques. A ce dernier point de vue, on a pu voir récemment combien les frontières de nos départements sont souvent mal placées, car la seule ligne de défense de la Seine-Inférieure, la vallée d'Andelle, se trouve précisément dans l'Eure. Mais ce sont là des détails techniques sur lesquels je n'ai pas à m'étendre ici : qu'il me suffise d'avoir indiqué le principe.

Il me reste à dire un mot de l'organisation provinciale telle que je la conçois et que je la souhaiterais.

La délégation du pouvoir central y appartiendrait, que la France redevienne une monarchie ou reste une république, peu importe, à un gouverneur, fonctionnaire analogue à ce qu'est en Prusse le président supérieur et en Espagne le capitaine général : en d'autres termes, le représentant immédiat plutôt du chef du pouvoir exécutif que d'un ministre spécial. Ce qui signifie d'avance que le gouverneur d'une province aurait non-seulement le droit de préséance, mais encore tout au moins de certaines habitudes de contrôle, officiel ou officieux, sur toutes les autres autorités, civiles ou militaires. Il serait même désirable qu'il fût autorisé, sinon à nommer directement, du moins à désigner ordinairement les préfets, ses collaborateurs et ses subordonnés, car il va de soi que la province n'exclut pas le département, bien que le département ait autrefois disloqué la province. Le même privilége de nomination ou de désignation s'étendrait naturellement, non pas aux sous-préfets , les sous-préfectures étant condamnées à l'unanimité par l'opinion publique, mais aux agents inférieurs chargés de représenter le pouvoir exécutif dans les chefs-lieux de canton.; rouage nouveau sans doute dans le mécanisme gouvernemental, mais absolument indispensable, si l'on supprime l'arrondissement administratif — je n'ai pas dit judiciaire, — et si l'on veut que le maire ne soit rien de plus que l'homme d'affaires de la commune, ce qui est la vraie doctrine. Qu'on appelle ces agents cantonaux d'un nom ou d'un autre, là n'est pas la question. Les cantons ont déjà eu, dans ces dernières années, outre l'agent-voyer de rigueur, un commissaire de police et un juge de paix investi d'une mission plus que délicate d'espionnage politique. Le délégué cantonal qu'il s'agirait d'instituer devrait ou pourrait réunir ces diverses attributions, moins celles qui relèvent directement du ministère de la justice. Il servirait, en un mot, d'intermédiaire attitré et permanent entre l'autorité préfectorale ou provinciale et les communes.

Ce gouverneur, lieutenant-général en quelque sorte du pouvoir exécutif auprès de chaque province, aurait à ses côtés, pour le conseiller et le contrôler, une Chambre au petit pied, avec commission permanente, sous le nom d'Etats provinciaux. Nos conseils généraux actuels pourraient servir tout naturellement de point de départ à cette institution. En somme il suffirait d'élargir le cadre. Il va de soi qu'en aucun cas ces Assemblées régionales n'auraient le droit de toucher à l'arche sainte, c'est-à-dire à l'organisation

militaire et maritime, à la législation civile, crimi-
nelle ou commerciale, à l'administration des postes
et des télégraphes, en un mot à telles et telles matières
que la Constitution réserverait expressément. Néanmoins la compétence de ces députés provinciaux s'é-
tendrait au plus grand nombre possible de . routes,
voire même de canaux et de chemins de fer, à l'achat
et à l'entretien de tous les édifices indispensables aux
services publics, à toutes les délimitations territoriales de commune à commune ou de département à
département. Il ne faut plus qu'une réunion de législateurs
français perde une ou deux séances à discuter
ou à enterrer sous un vote de confiance la question de
savoir si la commune de Saint-Jean peut enlever un
champ de betteraves à la commune de Saint-Paul, ou
bien si la France peut échanger avec le sieur Grosbois
une ravine contre une parcelle de chemin déclassé.
Les Etats provinciaux seraient substitués au Con-
seil d'Etat dans la tutelle des villes et des villa-
ges, sous le bénéfice du droit d'appel devant la
Chambre souveraine, droit appartenant en toute cir-
constance au gouvernement. De cette manière la représentation nationale jouerait en politique à peu près
le même rôle que la Cour de Cassation en fait de
jurisprudence, et servirait de régulateur suprême.
A ces Etats reviendrait également le privilége ou
l'ennui d'examiner ces pétitions qui encombrent et
fatiguent toutes les Chambres, incapables d'ailleurs
d'apprécier le mérite de réclamations, la plupart du
temps locales et individuelles, et qui se dispensent
trop souvent, sans doute par excès de lassitude, de

l'observation des règles de la civilité puérile et honnête envers les pétitionnaires. Une idée neuve d'ordre public et d'intérêt général pourrait du moins être pesée à loisir par les députés beaucoup moins affairés de la province, et renvoyée avec une apostille favorable à la députation nationale sous forme de vœu ou de demande. Il s'établirait de la sorte entre le pouvoir central et l'opinion publique un courant ascendant d'idées dont le pouvoir aurait sans doute lieu de s'inspirer utilement plus d'une fois, et qui désarmerait, par anticipation, les tentatives insurrectionnelles de quelque portée, c'est-à-dire celles qui se pourraient entreprendre pour une réforme nécessaire.

Mais ce qui me paraîtrait surtout propre à tirer notre vieille France de son demi-sommeil et de sa léthargie morale, ce seraient des Universités réorganisées à l'allemande, c'est-à-dire sur le meilleur modèle qui existe. On s'est beaucoup occupé depuis quelques années de rendre chez nous l'enseignement primaire à la fois gratuit et obligatoire. On n'aurait guère eu de moins bonnes raisons pour se préoccuper aussi de notre enseignement supérieur, car il y a en France comme à Paris des esprits beaucoup plus mal faits et beaucoup plus dangereux surtout que ceux qui n'ont reçu aucune instruction, ce sont ceux qui en ont reçu une mauvaise. Leur nom est légion. Pour faire contre-poids à la mauvaise presse qui nous a faussé l'esprit, heureusement sans nous gâter encore le cœur, il nous faut des écoles d'adultes sous forme de cours universitaires, gratuitement accessibles à tout le monde. Il n'existe pas, que je sache, de meilleur moyen pour faire rentrer en quantité suffisante et dans leur ordre logique des idées saines et exactes dans des cerveaux où tourbillonnent pêle-mêle les fantaisies creuses des improvisateurs à tant la ligne. Mais qu'on ne s'y trompe pas : il s'agit pour le pouvoir législatif de renoncer à ses habitudes d'avarice et de défiance envers l'instruction publique en général et l'enseignement supérieur en particulier. Ce serait ne rien faire de sérieux que de rapprocher seulement les unes des autres nos Facultés éparses et d'en former tant bien que mal une Université impuissante. Il ne suffirait même pas de tolérer avec plus ou moins de mauvaise grâce ces volontaires du professorat et de la science libre qui s'appellent outre-Rhin : *Privat-docenten.* Tout est à reconstituer, ou, mieux encore, à créer. Une Université en Allemagne compte tant bien que mal une centaine de professeurs : or, je ne sais même pas si on arriverait à ce chiffre en réunissant les cinq Facultés de Paris. Partout ailleurs chez nous une Faculté ne compte que cinq professeurs ; et nous ne possédons maintenant, depuis que Strasbourg nous a été enlevé, que deux Facultés de médecine seulement, quand le grand-duché de Bade, voire même le grand-duché de Mecklembourg en possèdent chacun une. Et qu'on ne s'imagine pas au moins que les établissements scientifiques de Paris soient richement dotés. La Sorbonne ne dispose pas encore d'une salle d'examen décente, et M. Claude Bernard, dans un rapport célèbre, a dépeint en termes caractéristiques la misère lamentable des laboratoires d'histoire naturelle

dans la métropole. Il serait absolument nécessaire
que les Etats provinciaux se montrassent infiniment
plus généreux à cet égard que l'Etat ne l'a été jusqu'à
présent. Cent hommes de vrai savoir dans une grande
ville, au milieu d'une population intelligente, y crée-
raient rapidement, par leurs efforts associés, cette
noble et charmante préoccupation des choses de
l'esprit, qui est le chemin même de l'honnêteté et le
plus digne emploi assurément de la vie. Nos communi-
cations intellectuelles avec l'Europe, et surtout avec
l'Allemagne, qu'on reste libre de détester, mais qu'il
faut étudier, pourraient être rétablies, ou plutôt éta-
blies d'une façon régulière, et, grâce à ce don d'assi-
milation ou d'épuration qui nous est propre, en peu
d'années nous pourrions reconquérir au dehors l'autorité littéraire et l'ascendant moral que nous avons,
hélas ! si complètement perdus. Nous venons d'ap-
prendre à nos dépens ce que peuvent des vandales
quand ils ont fréquenté une bonne école polytechni-
que. Soyons assez sages pour nous résigner à suivre
quelques cours bien faits, et laissons là les gazettes,
les mauvaises du moins, pour reprendre nos livres,
ne serait-ce que Montaigne ou Pascal.

Un autre foyer d'instruction et d'intelligence
dans cette France régénérée dont le rêve nous
séduit si fort et console quelquefois nos tristesses
présentes, ce serait ce qu'on nommait jadis le
Parlement et ce qui se nomme beaucoup plus mo-
destement aujourd'hui la Cour d'appel. La magistrature française est restée, en ce temps de déchéance
profonde, l'une des forces vives de la nation et l'un

de ses plus surs appuis pour l'avenir. Je ne pense pas qu'il faille jamais revenir sur la distinction fondamentale établie par Montesquieu entre les trois sortes de pouvoirs : d'ailleurs les conseillers de cour d'appel pourraient toujours, comme ils le font dès à présent dans nos conseils généraux, figurer dans les Etats provinciaux et concourir à la bonne administration des affaires locales et régionales. Mais cette magistrature gagnerait peut-être encore en autorité, si elle se recrutait elle-même, au moins par voie de présentation. La France, après tout, peut bien essayer, sans trop d'effroi, ce qui se pratique tous les jours en Belgique. Un magistrat n'est pas évidemment un simple fonctionnaire. Lorsqu'on a l'honneur de disposer, avec un pouvoir discrétionnaire, de la réputation, de la vie, de la fortune de ses concitoyens et parfois même de leurs enfants, on est tout autre chose qu'un commis aux écritures ou qu'un agent aux gages d'un ministre. L'habitude de la présentation, sinon l'élection directe des nouveaux magistrats par leurs futurs collègues, ajouterait sans aucun doute à l'indépendance apparente des personnes et au prestige séculaire de l'institution. Il me paraîtrait souhaitable, d'ailleurs, que tous les procès de presse fussent jugés par un jury spécial, dont le chef *ipso jure* serait le premier président de la cour, et dont le sort désignerait par tiers les membres dans la magistrature assise, l'Université locale et les Etats provinciaux. Ce système mixte aurait le très grand avantage de placer à côté de jurisconsultes de profession des personnes qui, par leur origine élective ou la supériorité de leur instruction, représenteraient à merveille les intérêts, si souvent contradictoires, en apparence du moins, de la société et du progrès, de ce qui est et de ce qui doit être. Je ne connais, pour ma part, aucune combinaison qui présente les mêmes garanties d'impartialité aux deux parties éternellement en présence dans toutes les poursuites de ce genre, l'instinct de la conservation sociale et l'instinct de la progression humaine.

IV

Je dédie ces réflexions sincères à tous ceux de mes concitoyens qui penseraient comme moi qu'il y a péril en la demeure, et que la France ne reprendra sa situation en Europe, je dois dire plus, que la société française ne peut échapper au péril d'une dissolution spontanée et prochaine, qu'à la condition de faire appel à toute son énergie, à toute son intelligence. La crise que nous traversons, et qui est loin d'être terminée, n'a pas d'analogue dans notre histoire, car jamais nous n'avons acheté la paix à pareil prix tandis que la basse démagogie poussait son délire à un pareil degré. Ce ne peut être la routine qui nous sauvera. Dans l'état où se trouve la France, il n'y a plus visiblement que de mauvais plaisants ou des gens d'une candeur incurable qui puissent encore répéter que la liberté, comme la lance d'Achille, guérit d'elle-même toutes les blessures qu'elle fait. Il est grandement temps, s'il n'est pas trop tard, que la France lève enfin les yeux sur ce qui se passe autour d'elle en Europe, et qu'au lieu de demeurer nonchalamment à l'ombre de sa vigne ou au coin de son foyer, elle prenne le pas de la civilisation européenne, dont elle a cessé depuis MM. de Morny et Rouher de tenir la tête. N'ayons pas peur des horizons nouveaux, des voies nouvelles, de ce qui n'était pas hier, mais peut sans danger être dès demain. Aux situations imprévues, il faut des remèdes imprévus. Sachons nous inspirer de l'expérience d'autrui, et ne plus nous en remettre au seul hasard du soin de rélever notre fortune. Il se peut que ces avis et ces vœux paraissent venir d'un pessimiste : ce que je puis affirmer, c'est qu'ils viennent avant tout d'un Français qu'émeut et qu'inquiète autant que qui que ce soit cette poignante et mystérieuse énigme qui s'appelle l'avenir de la France, et que cet observateur sincère désespérerait définitivement de cette France, notre chère souffrance hélas ! à tous, comme jadis notre orgueil, si Paris devait encore y rester l'unique fournisseur d'idées et le foyer exclusif de toute propagande intellectuelle.

15 Mai 1871.

Rouen.—Imp. Léon Deshays et Comp., rue Saint-Nicolas, 30.

www.ingramcontent.com/pod-product-compliance
Lightning Source LLC
Chambersburg PA
CBHW061720060726
47597CB00006B/2498